Deine Zeit ist dir geschenkt

Deine Zeit ist dir geschenkt

Streicheleinheiten für die Seele

benno

Bibliografische Information der Deutschen Nationalbibliothek
Die Deutsche Nationalbibliothek verzeichnet diese Publikation in der Deutschen Nationalbibliografie; detaillierte bibliografische Daten sind im Internet über http://dnb.d-nb.de abrufbar.

ISBN 978-3-7462-4050-3

Zusammenstellung: Volker Bauch, Leipzig
Umschlaggestaltung: Ulrike Vetter, Leipzig
Gesamtherstellung: Kontext, Lemsel (C)

INHALT

Nimm dir Zeit

Nimm dir Zeit zu arbeiten,
das ist der Weg zum Erfolg.

Nimm dir Zeit zu denken,
das ist die Quelle der Kraft.

Nimm dir Zeit zu spielen,
das ist das Geheimnis der ewigen Jugend.

Nimm dir Zeit zu lesen,
das ist der Brunnen der Weisheit.

Nimm dir Zeit zu träumen,
sie bringt dich den Sternen näher.

Nimm dir Zeit zu lieben und geliebt zu werden,
es ist der Ursprung des Lebens.

Nimm dir Zeit, dich umzusehen,
der Tag ist zu kurz, um selbstsüchtig zu sein.

Nimm dir Zeit zu lachen,
das ist die Musik der Seele.

Nimm dir Zeit, freundlich zu sein,
es ist die Verbindung zum Anderen.

Nimm dir Zeit zum Trösten,
es ist Balsam für die Seele.

IRISCHER SEGENSWUNSCH

I.

Nimm dir Zeit zu arbeiten,
das ist der Weg zum Erfolg.

ANDREAS LAUN

Das Märchen von den Zeitgutscheinen

Es war einmal ein Mann, der sich durch nichts von seinen Mitmenschen unterschied. Wie die meisten lebte er mehr oder weniger gedankenlos vor sich hin. Eines Tages aber sprach ihn ein Unbekannter an und fragte, ob er „Zeitgutscheine" wolle. Weil der Mann gerade nichts zu tun hatte und ohnehin eine gewisse Langeweile spürte, ließ er sich auf ein Gespräch ein und wollte wissen, was denn diese Zeitgutscheine seien. Statt einer Antwort zog der Unbekannte ein Bündel verschieden großer Scheine hervor, die wie Banknoten und doch ganz anders aussahen: „Deine Lebenszeit", erklärte der geheimnisvolle Fremde kurz. „Wenn du alle Gutscheine investiert hast, ist es Zeit zu sterben."

Bevor der überraschte Mann eine Frage stellen konnte, war der andere verschwunden. Neugierig und erstaunt blätterte der Alleingelassene in dem Bündel. Zuerst kam ihm der Gedanke, die genaue Dauer seines Lebens zu errechnen, und ihn schauderte, als er die Zahl der Jahre und Tage vor sich hatte. Dann begann er eine Einteilung zu überlegen und machte kleine Stöße von Scheinen entsprechend seinen Absichten. Zwar wollte er für Kegelabende und Fernsehen eine große Zahl von Stunden-Scheinen bereitlegen, musste aber zu seinem Bedauern bald feststellen, dass allein durch Essen und Schlafen eine unglaubliche Menge von vornherein gebunden war.

Tagelang war er damit beschäftigt, seine Zuwendungen an Lebenszeit immer neu zusammenzustellen, um sie bestmöglich zu nützen. Jedesmal, wenn jemand ihn dabei störte oder gar etwas von ihm wollte, sah er im Geiste einen seiner kostbaren Scheine verlorengehen und sagte nein; seine Zeit hatte er nicht zu verschenken!

So wachte er eifersüchtig und geizig über die Gutscheine. Als ihm endlich eine perfekte Widmung der Stunden, Tage und Jahre gelungen zu sein schien, war plötzlich der Unbekannte wieder da: Ob er denn von Sinnen sei, fragte er, nahm einen der Scheine, drehte ihn um und hielt ihn dem erstaunten Mann vor die Augen. Zum ersten Mal entdeckte dieser einen Hinweis auf der Rückseite, dass die Zeitgutscheine in Ewigkeit umgewandelt werden können. Wer sie jedoch nicht in diesem Sinne umsetze, verspiele sein Leben.

Aber da war der Fremde auch schon wieder verschwunden und der Mann neuerlich allein mit einem erregenden Geheimnis – auf welche Weise war der begrenzte Schatz an Zeit in grenzlose Ewigkeit zu verwandeln? ...

PREDIGER 3,1-8 NACH JÖRG ZINK

Alles hat seine Zeit

Alles hat seine Stunde.
Für jedes Geschehen unter dem Himmel
gibt es eine bestimmte Zeit:
eine Zeit zum Gebären
und eine Zeit zum Sterben,
eine Zeit zum Pflanzen
und eine Zeit zum Abernten der Pflanzen,
eine Zeit zum Töten
und eine Zeit zum Heilen,
eine Zeit zum Niederreißen
und eine Zeit zum Bauen,
eine Zeit zum Weinen
und eine Zeit zum Lachen,
eine Zeit für die Klage
und eine Zeit für den Tanz,
eine Zeit zum Steinewerfen

und eine Zeit zum Steinesammeln,
eine Zeit zum Umarmen
und eine Zeit, die Umarmung zu lösen,
eine Zeit zum Suchen
und eine Zeit zum Verlieren,
eine Zeit zum Behalten
und eine Zeit zum Wegwerfen,
eine Zeit zum Zerreißen
und eine Zeit zum Zusammennähen,
eine Zeit zum Schweigen
und eine Zeit zum Reden,
eine Zeit zum Lieben
und eine Zeit zum Hassen,
eine Zeit für den Krieg
und eine Zeit für den Frieden.

MEISTER ECKHART

Die Tugend der Ruhe

Dass der Mensch ein ruhiges
oder rastliches Leben in Gott hat,
das ist gut.
Dass der Mensch ein mühevolles Leben
mit Geduld erträgt,
das ist besser.
Aber dass man Ruhe habe
im mühevollen Leben,
das ist das Allerbeste.

ANSELM VON CANTERBURY

Suche nach Gott

Nun sei es, Menschlein, fliehe ein wenig die Beschäftigung mit dem Irdischen, verbirg dich ein wenig vor deinen lärmenden Gedanken, wirf die lästigen Sorgen weg, und setze deine mühseligen Zerstreuungen beiseite! Sei ein wenig für Gott da, ruhe ein wenig in ihm aus! Gehe in das Gemach deines Geistes hinein, schließe alles aus außer Gott und dem, was dir suchen hilft! Suche ihn bei verschlossener Türe.

STEPHAN HOLTHAUS

„Herr, ich brauche Geduld, aber schnell!“

Menschen, die an die Ewigkeit glauben, können gelassener sein. Sie leben vom Ziel her. Die Perspektive der Ewigkeit nimmt Druck von der Zeit.

Wer über so gewichtige Themen wie „Ethik“ oder „Werte“ schreibt, hat persönlich ein Problem: Er wird nämlich wie kaum ein anderer an dem gemessen, was er schreibt. Wer den moralischen Zeigefinger hebt, wird – zu Recht – kritisch beäugt. Wehe, wenn Anspruch und Wirklichkeit auseinander klaffen. Deshalb bekenne ich gleich: Die Tugend, um die es heute geht, ist für mich die größte Herausforderung. Oder weniger charmant ausgedrückt: meine größte Schwäche. Von daher schreibe ich die-

sen Artikel in erster Linie für mich – und wenn ein Leser für sich auch noch etwas mitnehmen kann, umso besser.
Freitagabend. Schnell noch drei Teile einkaufen. Im Laufschritt durch den Supermarkt. Dann zum Ausgang. Zwölf Kassen sind offen. Wo anstellen? Natürlich da, wo die kürzeste Schlange ist. Kasse zehn. Aber: An Kasse sechs scheint es schneller voranzugehen. Deshalb unauffälliger Stellungswechsel. Oder doch zurück zur Kasse zehn? Nein, es geht schon. Dann: Weiter vorne stockt es. Das Lesegerät nimmt eine Kreditkarte nicht an. Endloses Palaver. Kurze Zeit später: Ein Kunde, schon im Bezahlvorgang, hat noch etwas vergessen und läuft zurück in den Markt, was Kasse sechs kurzzeitig völlig zum Erliegen bringt. Damit nicht genug: Die Dame vor mir fingert endlos in ihrer Börse herum, um Kleingeld loszuwerden. Direkt bevor ich drankomme, ist auch noch Personalwechsel. So rinnen kostbare Minuten des Lebens sinnlos dahin. Was hätte man in der Zeit nicht alles machen können!

Weitere Beispiele: Warum antwortet der Kollege nicht auf meine Mail, die ich ihm schon vor fünf Minuten geschickt habe? Warum gibt es auf der linken Autobahnspur ständig diese kriechenden Fahrbahnblockierer, denen nicht einmal durch starke Lichthupe Einhalt geboten werden kann?

Die Ungeduld ist ein Wesenszug der Moderne. Der „Geduldsfaden" reißt uns schnell, weil wir das Leben im Laufschritt absolvieren. Unser Sein ist offensichtlich ein ständiger Wettkampf, bei dem wir keine Zeit verlieren dürfen. Nichts geht schnell genug. Die Beschleunigungsgesellschaft kennt keine Muße. Aktivismus heißt die Prämisse, Geschwindigkeit ist unser Götze. Wir pressen das Letzte aus der Zeit heraus. „Multitasking" ist chic – wir arbeiten an mehreren Sachen parallel. Wir zappen durchs Leben, absolvieren drei Programme gleichzeitig. Wir leben in einer „Jetzt-Mentalität". Warten war gestern, Laufschritt ist heute. Wir dürfen ja nichts verpassen. Unsere Zeit steht unter Druck. Überall

drohen „Deadlines“, nicht nur im Büro, sondern auch im privaten Leben.
Aber wohin sind wir unterwegs? Verschärftes Tempo ist oft nur der Versuch, Zeit zu gewinnen, um den wichtigen Fragen auszuweichen. Die innere Ruhe ist nämlich längst passé. Wir arbeiten schneller, essen schneller, surfen schneller - sind aber auch schneller gereizt. Wir haben viel mehr Möglichkeiten als früher, aber die Lebensqualität schwindet.
Geduld ist ein Kontrastprogramm. Geduld ist das hoffnungsvolle Aushalten einer Spannung, die Fähigkeit, warten zu können, obwohl man eingreifen könnte. So ist das „Erdulden“ von Schwierigkeiten, das Leiden an den Mitmenschen, um des Zieles willen. Ein geduldiger Mensch ist jemand, der seine Wünsche bewusst zurückstellt, der nicht gleich dazwischen haut, wenn ihm etwas nicht passt. Der Geduldige hat Hoffnung, dass sich Besserung einstellt und wählt den Weg der Zurückhaltung, damit dieses Ziel wirklich erreicht werden kann.

Einem Missverständnis muss man hier gleich entgegentreten. Geduld ist nicht passive Schwächlichkeit. Wer gemächlich zuschaut, wie ein Kleinkind Richtung Autobahn läuft, ist nicht geduldig, sondern verantwortungslos. Geduld hat nichts mit Lethargie oder Phlegma zu tun. Es geht dabei nicht um das Aussitzen von Problemen. Geduldige Menschen schauen nicht einfach weg. Der Geduldige ist kein Zauderer, kein Weltflüchtiger. Er verdrängt Probleme nicht, schiebt nichts vor sich her.

Geduld ist eine aktive Haltung. Sie fußt auf einer bewussten Entscheidung, abzuwarten. Man ist sich des Problems bewusst, erkennt die Spannung und die Gefahr, greift aber noch nicht ein, weil man hoffnungsvoll an ein besseres Ende glaubt. Der Geduldige wartet ab, wägt ab, weil das der bessere Weg ist. Deshalb verbindet schon Aristoteles die Geduld mit einer anderen Tugend: der Tapferkeit. Geduldige Leute sind mutige Leute.

Die Bibel kennt mehrere Begriffe für „Geduld“.

„Langmut“ wird gebraucht, aber auch „Ausharren“. Geduld wird als eine Frucht des Heiligen Geistes bezeichnet (Galater 5,22). Überhaupt ist es ein Kennzeichen von Christen, geduldig zu sein (Jakobus 5,7–8). Geduldige Menschen gelten als weise und als Streitschlichter (Sprüche 14,29; 15,18). Als Vorbilder der Geduld werden die Propheten erwähnt, die von zukünftigen Dingen sprachen, die sie selber nicht mehr erleben konnten (Jakobus 5,10).

Als geduldigste Person aller Zeiten wird Gott selbst vorgestellt. Er hält es mit seinen störrischen Kindern lange aus. Jeden Tag sieht er die Torheiten von uns Menschen – und schickt nicht gleich Feuer vom Himmel. Im Gleichnis vom unbarmherzigen Knecht wird Gott als geduldiger und gnädiger König dargestellt (Matthäus 18,23–27). Der Apostel Paulus sah sich selbst als bestes Beispiel für Jesu Geduld, weil er lange Zeit ein Verfolger der ersten Christen gewesen war (1. Timotheus 1,16). Gott ist geduldig und langmütig mit allen Menschen, weil er will, dass alle sich zu ihm wenden (2. Petrus 3,9). Es ist die Geduld und Langmut Gottes, die uns zur Umkehr bringen will (Römer 2,4). Dietrich Bonhoeffer sagte deshalb zu Recht: „Wer sich selbst recht sieht, der sieht ein Bild von Gottes Geduld."

Die Lösung liegt in unserer Einstellung der Zeit gegenüber. Der moderne Mensch hat die Ewigkeitsdimension verloren. Er meint, das Leben hier auf der Erde sei alles. Deshalb presst er die paar jämmerlichen Erdenjahre zusammen, um möglichst viel hineinzubekommen. Das macht schnell unruhig und ungeduldig.

Menschen jedoch, die an die Ewigkeit glauben, können gelassener sein. Sie leben vom Ziel her. Die Perspektive der kommenden Ewigkeit nimmt Druck von der Zeit. Wer weiß, dass es noch etwas Größeres gibt als die Welt, lebt entspannter. Er nimmt sich selbst und die Umstände nicht so wichtig. Er weiß: Die paar Jahre hier auf der Erde sind nichts im Vergleich zur himmlischen Ewigkeit. Die Ewigkeit relativiert die Zeit.

Außerdem weiß die Bibel etwas über den Unterschied zwischen „Kairos“ und „Chronos“. Chronos ist die laufende Zeit, die nie stehen bleibt und immer gleich tickt. Der Chronos ist eintönig, nie ausreichend vorhanden, er rinnt uns durch die Finger. Wer sich vom Chronos bestimmen lässt, wird unruhig und ungeduldig. Der Kairos dagegen ist die „hohe Zeit“, die Qualitätszeit. Er ist der Augenblick, wo die Zeit stehen bleibt, weil wir zur Ruhe kommen, zu uns selbst und auch zu Gott. An den Kairos kann man sich erinnern, an den Chronos nie. Das Gebet, eines der erfolgreichsten Rezepte, um Geduld zu lernen, ist so ein Kairos. Im Gebet kommt man zur Ruhe und legt die Welt in Gottes Hände. Das Gebet ist die beste Therapie gegen Ungeduld. Wahre Beter kommen mit leeren Händen. Sie kapitulieren vor Gott. Sie sehen sich und die Menschen mit den Augen Gottes – und werden dadurch barmherzig. Sie wissen: Gott ist der Herrscher der Welt. Ich muss es nicht selber reißen. Gott kommt zum

Ziel mit dieser Welt. Das macht geduldig – und gelassen!
Eine gute Bekannte von mir hat eine der größten Schildkrötensammlungen in Deutschland. Keine Angst: Sie sind nicht echt, sondern künstlich, in allen möglichen und unmöglichen Formen. Freunde auf der ganzen Welt haben ihr über die Jahre diese Schildkröten geschenkt. Fünfhundert sind es mittlerweile. Sie tragen Brillen oder Hüte, ihre Panzer sind fest oder beweglich, sie dienen als Tesafilmabroller, Blumentöpfe, Lampen. Sie wollten dieser „Power-Frau" sagen: „Vergiss die Ruhe nicht!", „Schalte mal ab!", „Lerne Geduld!"
So etwas braucht unsere Welt. Den Hektik- und Power-Typen unter den Lesern (und mir) sei gesagt: Es gibt einen Segen des Wartens, eine Gnade des langen Atems, ein „sich genügen lassen". Wer geduldig warten kann, hat mehr vom Leben. Er lebt gelassener, tiefer – und glücklicher. Wer damit anfangen will, braucht ausnahmsweise keine Geduld. Er kann gleich loslegen.

HILDEGARD VON BINGEN

Gott schenke dir Gesundheit

Arbeite, solange du kannst, doch hüte dich, deinen Leib durch zu viel Arbeit allmählich umzubringen. Denke stets daran, dass es dir nicht gegeben ist, deinen Körper neu zu schaffen.

Deshalb bitte Gott beizeiten, dass er dir zu einem gesünderen Leben verhelfen möge, und warte damit nicht, bis du ihm voller Qual mit verzweifelten Bitten darum anflehen musst, deinen Zustand zu bessern.

Der erste Brief an die Korinther 4,1-5

Als Diener Christi soll man uns betrachten und als Verwalter von Geheimnissen Gottes.
Von Verwaltern aber verlangt man, dass sie sich treu erweisen.
Mir macht es allerdings nichts aus, wenn ihr oder ein menschliches Gericht mich zur Verantwortung zieht; ich urteile auch nicht über mich selbst.
Ich bin mir zwar keiner Schuld bewusst, doch bin ich dadurch noch nicht gerecht gesprochen; der Herr ist es, der mich zur Rechenschaft zieht.
Richtet also nicht vor der Zeit; wartet, bis der Herr kommt, der das im Dunkeln Verborgene ans Licht bringen und die Absichten der Herzen aufdecken wird. Dann wird jeder sein Lob von Gott erhalten.

MARTIN LÖWENSTEIN

Gelassenheit

(Predigt zu 1 Kor 4,1–5)

Als Diener Christi soll man uns betrachten und als Verwalter von Geheimnissen Gottes. Von Verwaltern aber verlangt man, dass sie sich treu erweisen. Mir macht es allerdings nichts aus, wenn ihr oder ein menschliches Gericht mich zur Verantwortung zieht; ich urteile auch nicht über mich selbst. Ich bin mir zwar keiner Schuld bewusst, doch bin ich dadurch noch nicht gerecht gesprochen; der Herr ist es, der mich zur Rechenschaft zieht. Richtet also nicht vor der Zeit; wartet, bis der Herr kommt, der das im Dunkeln Verborgene ans Licht bringen und die Absichten der Herzen aufdecken wird. Dann wird jeder sein Lob von Gott erhalten.

Gelassenheit kann sich nicht jeder leisten. Wer unter Druck ist, weil der Abgabetermin naht, wer sich die Arbeit nicht aussuchen kann, weil sonst die Miete nicht mehr bezahlt wird, oder wer sonstwie von anderen gehetzt wird, der wird die Aufforderung zur Gelassenheit als zynisch empfinden.

So gesehen kann nur gelassen bleiben, wer materiell abgesichert und sein eigener Herr ist. Beides scheint unverzichtbar, um sich die Freiheit zu leisten, ruhig und gelassen zu bleiben. Gelassenheit wäre damit eine Luxustugend. Die Wohlhabenden und Selbstständigen, die Reichen und Mächtigen können gelassen bleiben, die Abhängigen und Armen müssen kuschen und hetzen. Wie soll gelassen sein, wer eines anderen Diener und Handlanger ist?

Wie sehr aber Gelassenheit eine innere Haltung ist, merken die, die krampfhaft versuchen gelassen zu erscheinen. Cool zu erscheinen kann anstrengend sein, wenn man es nicht wirklich ist, sondern meint, anderen etwas vorspielen zu müssen. Es kostet viel Kraft, die Kulisse der Gelassenheit aufrecht zu erhalten, wenn ich innen drinnen unter Druck stehe und eigentlich nur unsicher bin.

„Mir macht es nichts aus", schreibt Paulus den Korinthern, „wenn ihr oder ein menschliches Gericht mich zur Verantwortung zieht." Die Korinther mögen ihn prüfen, durchleuchten und durchschauen. Ja, Menschen mögen ihn wie Gott am Tag des Gerichts vor sich zitieren. Paulus bleibt da gelassen. Dabei liegt ihm die Gemeinde in Korinth sehr am Herzen. Er ist in der Sache alles andere als unbeteiligt und gefühllos. Aber er lässt sich nicht unter Druck setzen, weil der schnelle Erfolg ausbleibt. Wenn es Gott gefällt, dann wird er eines Tages „das im Dunkeln Verborgene ans Licht bringen", und damit meint Paulus vielleicht nicht (nur) das große Endgericht, sondern ganz schlicht, dass früher oder später „die Absichten der Herzen aufgedeckt" werden, weil sich niemand auf Dauer verstellen kann, weil Gutes nicht auf Dauer

ohne Frucht und weil Schlechtes nicht auf Dauer ohne Schaden bleiben kann. Paulus ist sich „keiner Schuld bewusst" und will sich daher nicht verteidigen, sondern gelassen abwarten. Dahinter steckt einerseits eine materielle Unabhängigkeit. Paulus ist nicht angewiesen auf die Kirchensteuer in Korinth. Das war ihm wichtig. Aber er wird seine Gelassenheit auch dann bewahren, wenn er in die Hände von Menschen gerät, die ihm wirklich Druck machen können. Am Ende wird Paulus, wie viele Christen nach ihm, durch die Hand von Menschen zu Tode kommen. Aber vielleicht war es gerade die Gelassenheit gegenüber selbst dieser Drohung und dieser Gewalt, die dem christlichen Glauben so viel mehr Kraft gegebenen haben als der römischen Staatsreligion.
Wenn mir diese Gelassenheit oft abgeht, müsste ich mich fragen, wem oder was ich mich eigentlich unterwerfe. Woher kommt der Druck? Paulus schreibt: „Als Diener Christi soll man uns betrachten." Er sieht sich also offenbar als

Handlanger Christi. Diese Abhängigkeit macht ihn unabhängig. In seinem Fall macht es ihn vor allem unabhängig von dem Druck, Erfolg haben zu müssen. Die Korinther wollen ihn gerne auf das Podest heben. Sie wollen Druck machen mit ihren Erwartungen an den Apostel. Darauf antwortet er mit: „Als Diener Christi soll man uns betrachten!"
Diener sein ist nicht populär. Aber im Grunde hat Paulus dieselbe Erfahrung gemacht, auf die auch Jesus in der Bergpredigt zu sprechen kommt. „Niemand kann zwei Herren dienen." Dabei setzen beide, Paulus und Jesus, voraus, dass es eine Illusion ist zu meinen, ich würde niemandem dienen, wenn ich nur ganz frei und unabhängig bin. Die Gelassenheit, so schien es anfangs, könne sich nur leisten, wer zu den Reichen und Mächtigen gehört. Reichtum und Macht aber folgen ihren eigenen Gesetzen. Man kann diesen Weg gehen, um sich die „Freiheit" zu erhalten; dann aber wird man feststellen, wie schwer es ist, dem Reichtum

und der Macht nicht bis zum Letzten zu dienen. Beide können launische und fordernde Herren sein, die die Ihren vor sich hertreiben. „Ihr könnt nicht beiden dienen, Gott und dem Mammon", ist eine nüchterne Feststellung. Damit verbunden ist aber auch eine ganz positive Verheißung: Wer Gottes Liebe und Gerechtigkeit an erster Stelle setzt, wird feststellen, dass das geht. Es mag Situationen geben, in denen eine solche Priorität Einfluss kostet; es mag Situationen geben, in denen Christen materiell verlieren. In vielen Ländern ist das ganz offensichtlich so, vom Nahen Osten bis nach China. Aber auch in den Ländern, die man frei nennt und wo nur die Konkurrenz die Menschen vor sich her treibt, werden Christen in die Situation kommen, wo es Einbußen in dieser Welt kostet, an erster Stelle Gott zu dienen und nicht dem Mammon. Aber der Gewinn ist ungleich höher: Die Gelassenheit, die atmen lässt, und die Zuversicht im Blick auf Gott, die mich das tun lässt, was ich im Innersten will und für richtig halte. Amen.

II.

Nimm dir Zeit zu denken, das ist die Quelle der Kraft.

BERNHARD VON CLAIRVAUX

Unaufhaltsam

Ach mein Gott,
nichts ist kostbarer als die Zeit,
und nichts wird geringer geachtet,
nichts leichtsinniger verschwendet als die Zeit.
Die Tage des Heiles gehen vorüber,
und niemand denkt daran.
Die Augenblicke eilen dahin
und kommen nie mehr zurück,
und niemand beklagt es.
Unaufhaltsam fließt die Zeit dahin
und der Tor bemerkt nicht, was er verliert.

ANDREAS GRYPHIUS

Menschliches Elend

Was sind wir Menschen doch!
Ein Wohnhaus grimmer Schmerzen,
ein Ball des falschen Glücks,
ein Irrlicht dieser Zeit,
ein Schauplatz herber Angst,
besetzt mit scharfem Leid,
ein bald verschmelzter Schnee
und abgebrannte Kerzen.

Dies Leben fleucht davon wie
ein Geschwätz und Scherzen.
Die vor uns abgelegt
des schwachen Leibes Kleid
und in das Totenbuch
der großen Sterblichkeit
längst eingeschrieben sind,
sind uns aus Sinn und Herzen.

Gleich wie ein eitel Traum
leicht aus der Acht hinfällt
und wie ein Strom verscheußt,
den keine Macht aufhält,
so muss auch unser Nam, Lob,
Ehr und Ruhm verschwinden.

Was itzund Atem holt,
muss mit der Luft entfliehn.
Was nach uns kommen wird,
wird uns ins Grab nachziehn –
Was sag ich? Wir vergehn
wie Rauch von starken Winden.

JOSEPH VON EICHENDORFF

Wechsel

Es fällt nichts vor, mir fällt nichts ein,
Ich glaub, die Welt steht still,
Die Zeit tritt auf so leis und fein,
Man weiß nicht, was sie will.

Auf einmal rührt sich's dort und hier –
Was das bedeuten mag?
Es ist, als hört'st du über dir
Einen frischen Flügelschlag.

Rasch steigen dunkle Wetter auf,
Schon blitzt's und rauscht die Rund',
Der lust'ge Sturmwind fliegt vorauf –
Da atm' ich aus Herzensgrund.

RAINER MARIA RILKE

Ich lebe mein Leben in wachsenden Ringen

Ich lebe mein Leben in wachsenden Ringen,
die sich über die Dinge ziehn.
Ich werde den letzten vielleicht nicht vollbringen,
aber versuchen will ich ihn.
Ich kreise um Gott, um den uralten Turm,
und ich kreise jahrtausendelang;
und ich weiß noch nicht:
bin ich ein Falke, ein Sturm
oder ein großer Gesang.

ANSELM GRÜN

Zeiten des Innehaltens

Pater Anselm Grün lebt, arbeitet und wirkt seit 1964 in der Benediktinerabtei Münsterschwarzbach. Seit 1977 ist er dort für die wirtschaftliche Führung der Abtei verantwortlich. Ungefähr zu diesem Zeitpunkt veröffentlichte er auch sein erstes Buch. Auf Grund seiner sehr aktiven Autorentätigkeit erschienen bis zum heutigen Zeitpunkt über 300 Bücher, in denen er sich mit Religion und Spiritualität, aber auch einem hohen Maß an Lebenshilfe auseinandersetzt. Pater Anselm ist zudem Referent und spiritueller Berater vieler Hilfesuchender.

Warum ist es so wichtig, sich hin und wieder zurückzuziehen?
Die Gefahr ist, dass wir uns von außen zu sehr bestimmen lassen. Sich Zurückziehen bedeutet, mit sich selbst und der eigenen Seele in Berührung zu kommen und zu hinterfragen: Stimmt mein Leben noch? Leb ich an mir vorbei? Werd ich gelebt oder leb ich selbst? Und dazu braucht es einfach Zeiten des Innehaltens.

Wann ist es Zeit für eine Auszeit?
Immer dann, wenn man merkt, ich bin unruhig, gereizt oder ich habe keine Lust mehr auf meine Arbeit. Dann ist es auf jeden Fall wichtig, sich Zeit für sich zu nehmen.

Wie merken Sie, dass Sie Auszeit oder eine Pause brauchen?
Ich habe, Gott sei Dank, jeden Tag eine Auszeit: Die ersten drei Stunden am Tag sind Schweigezeit. Das tut mir einfach gut. Außerdem höre ich auf meine Gefühle. Wenn ich keine Lust

mehr habe, dann brauch ich Zeit für mich. Dann will ich auch niemand anderem mehr etwas geben, sondern muss erst mal für mich selbst sorgen.

Wie sieht das „für sich selbst sorgen“ dann bei Ihnen aus?
Ich gehe spazieren, lese oder meditiere. Ich meditiere zum Beispiel jeden Morgen zirka 20 Minuten. Ich sitze einfach still, folge meinem Atem und verbinde ihn mit dem Jesusgebet. In das Jesusgebet führe ich meine Gedanken und Gefühle ein und werde dadurch ruhig.

Wir sollten also regelmäßig eine Auszeit in unseren Alltag einbauen?
Exerzitien (Anm. d. Red: Zeit, in der man sich intensiv dem Gebet und der Besinnung widmet) sind Auszeiten für eine ganze Woche. Es gibt aber auch tägliche Auszeiten. Das sind Rituale, die ich auch als heilige Zeit bezeichne. Heilig ist das, was der Welt entzogen ist, worauf

die Welt keinen Zugriff hat, wo ich für mich bin und niemand über mich bestimmen kann, auch über meine Sorgen und Probleme nicht. Das kann man täglich machen, zum Beispiel bevor der Tag startet oder zwischendurch in der Mittagspause. Einfach Zeit für sich finden, ohne Termine, und sich fragen: Lebe ich noch selbstbestimmt?

Ob nun regelmäßige kurze Auszeiten oder eine Woche Pause – müssen wir Auszeit zeitlich begrenzen?
Es gibt beides: Wenn ich mir einen ganzen Tag gönne und das Gefühl habe, jetzt tue ich gar nichts, dann kann das ruhig den ganzen Tag dauern. Ansonsten ist es schon ganz gut, Auszeiten zu begrenzen. Schon alleine, um nicht das zu vernachlässigen, was zu tun ist. Wenn ich mir zum Beispiel eine Woche Auszeit nehme, dann ist dem ja von vornherein eine Grenze gesetzt. Es ist wichtig, die Auszeit zu schützen und nicht nur nach Lust und Laune zu gehen. Ich kann zwar spüren, jetzt brauche ich Zeit,

aber wie lange ich das gestalte, sollte eine bewusste Entscheidung sein.

Sonst könnten Auszeiten auch negative Folgen haben?
Ja, wenn man gar keine Lust mehr hat und sich einfach nur gehen lässt. Sich hängen lassen ist keine Auszeit. Die Auszeit ist etwas Bewusstes, in der ich mich spüre und nicht einfach nur herumtrödele.

Was ist noch wichtig für eine heilsame Auszeit?
Die Auszeit sollte nicht zugepflastert sein mit Aktivitäten. Es sollte Zeit sein, die uns gut tut. Und das muss jeder für sich herausfinden. Wer gerne alleine spazieren geht, sollte das nicht unbedingt in der Stadt tun, sondern eher im Wald und in der Natur. Wem es dagegen wichtig ist, sich begleiten zu lassen, der kann eine Auszeit im Kloster nehmen. Und sich dort in Begleitung mit seinen Fragen auseinandersetzen, die ihm wichtig sind.

Sie sind ein sehr beschäftigter Mensch. Wie schaffen Sie es, für sich Freiräume zu reservieren?
Für mich gibt es die heiligen Zeiten am Morgen und die Gebetszeiten tagsüber. Am Abend bin ich oft für Vorträge unterwegs. Die Fahrt zurück ist dann für mich wie eine Auszeit, in der ich Bachkantaten oder andere geistliche Musik höre. Auch der Mittagsschlaf ist eine heilige Zeit. Es geht also nicht den ganzen Tag durch, sondern ich lege eine Pause ein, in der ich mich selbst wieder spüre und neu anfangen kann. Das sind so die alltäglichen Zeiten. Ich mache natürlich auch Urlaub und ich habe jedes Jahr eine Woche Exerzitien, die ich mir einfach gönne.

Der Mittagschlaf als heilige Auszeit ist doch eine sehr schöne Idee.
Ja, das ist natürlich schon ein Luxus. Aber wir stehen auch schon um morgens 4:40 Uhr auf. Da ist Mittagsruhe durchaus angebracht. Aber ich bin mir bewusst, dass das viele Menschen

nicht machen können, weil sie den ganzen Tag arbeiten müssen.

Konnten Sie beobachten, dass sich das Bedürfnis nach Ruhe und Auszeit in den letzten Jahrzehnten verändert hat?
Es ist auf jeden Fall größer geworden. Vor allem bei Menschen, die in einer hohen beruflichen Verantwortung stehen. Und ich erlebe schon, dass diese Menschen sich dann auch ein paar Tage im Kloster gönnen, um Ruhe zu finden und in eine andere Welt einzutauchen. Das gilt auch für Menschen, die kirchlich nicht angebunden sind, sondern die einfach das Gefühl haben: Ich muss was tun für mich.

Das neue Jahr steht an. Was sind Ihre Tipps für realistische Auszeiten?
Als Erstes denke ich da an das Wochenende. Der Sonntag ist ja rein traditionell ein heiliger Tag. Und den sollte man nicht vertun, um ihn mit Aktivitäten oder Besuchen voll zu stop-

fen. Das kann ja alles ganz gut sein. Aber es sollte schon die heilige Zeit bleiben und nicht verplant werden wie ein Wochentag. Auch die Urlaubsplanung gilt es genau zu überdenken: Wann nehme ich Urlaub? Wie lange? Was tut mir dabei gut? Also, nach Möglichkeit ohne Druck, auf Seele und Körper hören statt der Masse zu folgen. Und natürlich das Ziel, ein tägliches Ritual einzubauen, das mir das Gefühl gibt, ich lebe selbst, statt gelebt zu werden. Das ist alles nichts Neues, aber die Erinnerung daran ist immer wieder wichtig: Sich Gutes tun und nicht nur die Erwartungen anderer Menschen erfüllen.

III.

Nimm dir Zeit zu spielen, das ist das Geheimnis der ewigen Jugend.

FRIEDRICH RÜCKERT

Die Uhr

Hier geb ich dir, mein Sohn,
Glück möge sie dir schlagen,
die dein Großvater einst,
dein Vater dann getragen,

Die Uhr, nun trag du sie
und möge sie dein eigen
noch schönre Stunden dir
als deinen Vätern zeigen!

Ob ernst beschäftigte,
ob heiter aufgeräumte,
sie zeige dir nur nie
die Stunde, die versäumte!

Denn niemals, ob die Uhr
du stellen magst zurück,
kehrt die versäumte Zeit
und ein verträumtes Glück.

Ein Bild des Lebens ist's,
was dir dein Vater gab:
Das Leben wie die Uhr
läuft unaufhaltsam ab.

Die abgelaufne Uhr
lässt wieder auf sich ziehn;
für die des Lebens ist
kein Schlüssel uns verliehn.

ANTOINE DE SAINT-EXUPÉRY

Verrinnende Zeit

Kummer entsteht stets aus der verrinnenden Zeit, die ihre Frucht nicht ausgereift hat. Es ist Kummer über die Flucht der Tage, Kummer über das verlorene Armband, der nichts anderes ist als Kummer über den Leerlauf der Zeit, der nichts anderes ist als Kummer über die Zeit, die zu nichts mehr dient.

ANDREAS GRYPHIUS

Der Augenblick

Mein sind die Jahre nicht,
die mir die Zeit genommen;
mein sind die Jahre nicht,
die etwa mögen kommen.
Der Augenblick ist mein,
und nehm ich den in Acht,
so ist der mein,
der Zeit und Ewigkeit gemacht.

ANTOINE DE SAINT-EXUPÉRY

Der kleine Prinz

In diesem Augenblick erschien der Fuchs.
„Guten Tag“, sagte der Fuchs.
„Guten Tag“, antwortete höflich der kleine Prinz, der sich umdrehte, aber nichts sah.
„Ich bin da“, sagte die Stimme, „unter dem Apfelbaum …“
„Wer bist du?“, sagte der kleine Prinz. „Du bist sehr hübsch …“
„Ich bin ein Fuchs“, sagte der Fuchs.
„Komm und spiel mit mir“, schlug ihm der kleine Prinz vor.
„Ich bin so traurig …“
„Ich kann nicht mit dir spielen“, sagte der Fuchs. „Ich bin noch nicht gezähmt!“
„Ah, Verzeihung!“, sagte der kleine Prinz.
Aber nach einiger Überlegung fügte er hinzu:

„Was bedeutet ‚zähmen'?"
„Du bist nicht von hier", sagte der Fuchs, „was suchst du?"
„Ich suche die Menschen", sagte der kleine Prinz. „Was bedeutet zähmen?"
„Die Menschen", sagte der Fuchs, „die haben Gewehre und schießen. Das ist sehr lästig. Sie ziehen auch Hühner auf. Das ist ihr einziges Interesse. Du suchst Hühner?"
„Nein", sagte der kleine Prinz, „ich suche Freunde. Was heißt ‚zähmen'?"
„Zähmen, das ist eine in Vergessenheit geratene Sache", sagte der Fuchs. „Es bedeutet, sich ‚vertraut machen'."
„Vertraut machen?"
„Gewiss", sagte der Fuchs. „Noch bist du für mich nichts als ein kleiner Junge, der hunderttausend kleinen Jungen völlig gleicht. Ich brauche dich nicht, und du brauchst mich ebenso wenig. Ich bin für dich nur ein Fuchs, der hunderttausend Füchsen gleicht. Aber wenn du mich zähmst, werden wir einander brauchen.

Du wirst für mich einzig sein in der Welt. Ich werde für dich einzig sein in der Welt ..."
„Ich beginne zu verstehen", sagte der kleine Prinz. „Es gibt eine Blume ... ich glaube, sie hat mich gezähmt ..."
„Das ist möglich", sagte der Fuchs, „man trifft auf der Erde alle möglichen Dinge ..."
„Oh, das ist nicht auf der Erde", sagte der kleine Prinz.
Der Fuchs schien sehr aufgeregt:
„Auf einem anderen Planeten?"
„Ja."
„Gibt es Jäger auf diesem Planeten?"
„Nein."
„Das ist interessant, und Hühner?"
„Nein."
„Nichts ist vollkommen!", seufzte der Fuchs.
Aber der Fuchs kam auf seinen Gedanken zurück:
„Mein Leben ist eintönig. Ich jage Hühner, die Menschen jagen mich. Alle Hühner gleichen einander, und alle Menschen gleichen einander.

Ich langweile mich also ein wenig. Aber wenn du mich zähmst, wird mein Leben wie durchsonnt sein. Ich werde den Klang deines Schrittes kennen, der sich von allen anderen unterscheidet. Die anderen Schritte jagen mich unter die Erde. Der deine wird mich wie Musik aus dem Bau locken. Und dann schau! Du siehst da drüben die Weizenfelder? Ich esse kein Brot. Für mich ist der Weizen zwecklos. Die Weizenfelder erinnern mich an nichts, und das ist traurig. Aber du hast weizenblondes Haar. Oh, es wird wunderbar sein, wenn du mich einmal gezähmt hast! Das Gold der Weizenfelder wird mich an dich erinnern. Und ich werde das Rauschen des Windes im Getreide lieb gewinnen."
Der Fuchs verstummte und schaute den kleinen Prinzen lange an.
„Bitte ... zähme mich!", sagte er.
„Ich möchte wohl", antwortete der kleine Prinz, „aber ich habe nicht viel Zeit. Ich muss Freunde finden und viele Dinge kennen lernen."
„Man kennt nur die Dinge, die man zähmt",

sagte der Fuchs. „Die Menschen haben keine Zeit mehr, irgendetwas kennen zu lernen. Sie kaufen sich alles fertig in den Geschäften. Aber da es keine Kaufläden für Freunde gibt, haben die Leute keine Freunde mehr. Wenn du einen Freund willst, so zähme mich!"

„Was muss ich da tun?", sagte der kleine Prinz.

„Du musst sehr geduldig sein", antwortete der Fuchs. „Du setzt dich zuerst ein wenig abseits von mir ins Gras. Ich werde dich so verstohlen, so aus den Augenwinkeln, anschauen, und du wirst nichts sagen. Die Sprache ist die Quelle der Missverständnisse. Aber jeden Tag wirst du dich ein bisschen näher setzen können ..."

Am nächsten Morgen kam der kleine Prinz zurück.

„Es wäre besser gewesen, du wärst zur selben Stunde wiedergekommen", sagte der Fuchs. „Wenn du zum Beispiel um vier Uhr nachmittags kommst, kann ich um drei Uhr anfangen, glücklich zu sein. Je mehr die Zeit vergeht, umso glücklicher werde ich mich fühlen. Um

vier Uhr werde ich mich schon aufregen und beunruhigen; ich werde erfahren, wie teuer das Glück ist. Wenn du aber irgendwann kommst, kann ich nie wissen, wann mein Herz da sein soll ... Es muss feste Bräuche geben."
„Was heißt ‚fester Brauch'?", sagte der kleine Prinz.
„Auch etwas in Vergessenheit Geratenes", sagte der Fuchs. „Es ist das, was einen Tag vom anderen unterscheidet, eine Stunde von den anderen Stunden. Es gibt zum Beispiel einen Brauch bei meinen Jägern. Sie tanzen am Donnerstag mit den Mädchen des Dorfes. Daher ist Donnerstag der wunderbare Tag. Ich gehe bis zum Weinberg spazieren. Wenn die Jäger irgendwann einmal zum Tanz gingen, wären die Tage alle gleich und ich hätte niemals Ferien."
So machte denn der kleine Prinz den Fuchs mit sich vertraut. Und als die Stunde des Abschieds nahe war:
„Ach!", sagte der Fuchs, „ich werde weinen."
„Das ist deine Schuld", sagte der kleine Prinz,

„ich wünschte dir nichts Übles, aber du hast gewollt, dass ich dich zähme ..."
„Gewiss", sagte der Fuchs.
„Aber nun wirst du weinen!", sagte der kleine Prinz.
„Bestimmt", sagte der Fuchs.
„So hast du also nichts gewonnen!"
„Ich habe", sagte der Fuchs, „die Farbe des Weizens gewonnen."
Dann fügte er hinzu:
„Geh die Rosen wieder anschauen. Du wirst begreifen, dass die deine einzig ist in der Welt. Du wirst wiederkommen und mir adieu sagen, und ich werde dir ein Geheimnis schenken."

Der kleine Prinz ging, die Rosen wieder zu sehn.
„Ihr gleicht meiner Rose gar nicht, ihr seid noch nichts", sagte er zu ihnen. „Niemand hat sich euch vertraut gemacht, und auch ihr habt euch niemandem vertraut gemacht. Ihr seid, wie mein Fuchs war. Der war nichts als

ein Fuchs wie hunderttausend andere. Aber ich habe ihn zu meinem Freund gemacht, und jetzt ist er einzig in der Welt."

Und die Rosen waren sehr beschämt.

„Ihr seid schön, aber ihr seid leer", sagte er noch. „Man kann für euch nicht sterben. Gewiss, ein Irgendwer, der vorübergeht, könnte glauben, meine Rose ähnle euch. Aber in sich selbst ist sie wichtiger als ihr alle, da sie es ist, die ich begossen habe. Da sie es ist, die ich unter den Glassturz gestellt habe. Da sie es ist, die ich mit dem Wandschirm geschützt habe. Da sie es ist, deren Raupen ich getötet habe (außer den zwei oder drei um der Schmetterlinge willen). Da sie es ist, die ich klagen oder sich rühmen gehört habe oder auch manchmal schweigen. Da es meine Rose ist."

Und er kam zum Fuchs zurück.

„Adieu", sagte er ...

„Adieu", sagte der Fuchs.

„Hier mein Geheimnis. Es ist ganz einfach:

Man sieht nur mit dem Herzen gut. Das Wesentliche ist für die Augen unsichtbar."
„Das Wesentliche ist für die Augen unsichtbar", wiederholte der kleine Prinz, um es sich zu merken.
„Die Zeit, die du für deine Rose verloren hast, sie macht deine Rose so wichtig."
„Die Zeit, die ich für meine Rose verloren habe ...", sagte der kleine Prinz, um es sich zu merken.
„Die Menschen haben diese Wahrheit vergessen", sagte der Fuchs. „Aber du darfst sie nicht vergessen. Du bist zeitlebens für das verantwortlich, was du dir vertraut gemacht hast. Du bist für deine Rose verantwortlich ..."
„Ich bin für meine Rose verantwortlich ...", wiederholte der kleine Prinz, um es sich zu merken.

IV.

Nimm dir Zeit zu lesen, das ist der Brunnen der Weisheit.

HENRI J. M. NOUWEN

Geistliche Lektüre

Eine wichtige Einübung in geistliches Leben ist die geistliche Lektüre. Durch sie bestimmen wir mit, was in unser Bewusstsein dringt. Täglich werden wir von der Welt, in der wir leben, mit Bildern und Wörtern überschüttet. Doch wollen wir wirklich, dass unser Bewusstsein zum Müllschlucker der Welt wird? Wollen wir uns mit Dingen vollstopfen lassen, die uns verwirren, erregen, bedrücken, erschrecken und abweisen oder anziehen, ob es gut für uns ist oder nicht? Möchten wir andere entscheiden lassen, was in uns eindringt und unser Denken und Empfinden bestimmt?

Selbstverständlich wollen wir das nicht, aber es bedarf wirklicher Disziplin, Gott und nicht die Welt zum Herrn unseres Denkens werden zu lassen. Und es verlangt von uns, nicht nur arglos zu sein wie die Tauben, sondern auch klug wie die Schlangen (vgl. Matthäusevangelium 10,16). Geistliche Lektüre ist solch eine wirksame Disziplin. Wenn wir täglich wenigstens eine Viertelstunde für die Lektüre eines geistlichen Buches erübrigen könnten, um uns inspirieren zu lassen, würden wir bald feststellen, dass unser Bewusstsein kein Müllschlucker mehr sein muss, sondern mehr und mehr ein Gefäß voll guter Gedanken wird.

Geistlich Lesen

Viele, wenn nicht die meisten Menschen, lesen, um ihren Wissensdurst zu stillen oder ein bestimmtes Interesse zu befriedigen. Wollen wir wissen, wie man ein Auto repariert, ein bestimmtes Gericht zubereitet, ein Gartenhaus baut, einem behinderten Menschen hilft, einen Vortrag hält und so fort, müssen wir eine bestimmte Menge lesen. Geistliche Lektüre ist jedoch etwas anderes; sie besteht nicht nur darin, über geistliche Menschen und geistliche Themen zu lesen, sondern bedeutet auch, *geistlich zu lesen*, das heißt, in geistlicher Weise zu lesen. Geistlich liest, wer mit dem Verlangen liest, Gott näher zu kommen.

Der Zweck geistlicher Lektüre liegt nicht darin, Wissen oder Information zu erwerben, sondern Gottes Geist über uns verfügen zu lassen und uns bei der Lektüre immer wieder zu fragen: „Was will mir Gott hier sagen, und was bedeutet es für mich, um zu größerer Liebe zu finden?"

Die entscheidende Frage ist nicht, *was* wir lesen, sondern *wie* wir etwas lesen. Geistlich lesen heißt andächtig lesen, mit innerer Aufmerksamkeit für die Regungen des Geistes Gottes in unserem äußeren und inneren Leben.

Das Wort Fleisch werden lassen

Geistliche Lektüre ist Nahrung für unser inneres Leben. Wenn wir einen Abschnitt aus der Heiligen Schrift oder ein geistliches Buch lesen und die Worte langsam unser Herz und unseren Geist durchdringen lassen, werden wir andere Menschen. Das Wort wird nach und nach Fleisch in uns und verändert dadurch unser ganzes Sein. Somit ist geistliche Lektüre eine fortwährende Inkarnation des göttlichen Wortes in uns. In und durch Jesus, den Christus, wurde Gott vor langer Zeit Fleisch. In und durch unsere Lektüre von Gottes Wort und durch das Bedenken seines Wortes wird Gott hier und jetzt Fleisch in uns und macht uns so zu einem lebendigen Christus für die heutige Zeit.

Lesen wir immer wieder Gottes Wort mit Liebe und großer Ehrfurcht.

BENEDIKT XVI.

Die Schriftlesung, Nahrung für den Geist

Wenn wir bei unseren Tätigkeiten eine Ruhepause einlegen können, besonders im Urlaub, nehmen wir oft ein Buch zur Hand, das wir lesen möchten. Genau das ist der erste Aspekt, bei dem ich heute verweilen möchte. Jeder von uns braucht Zeiten und Orte der Sammlung, der Betrachtung, der Ruhe ... Gott sei gedankt, dass es so ist! Denn dieses Bedürfnis sagt uns, dass wir nicht nur zum Arbeiten gemacht sind, sondern auch zum Denken, zum Überlegen oder einfach dazu, mit dem Verstand und mit dem Herzen einer Erzählung zu folgen, einer Geschichte, in die wir uns hineindenken, in der wir uns gewissermaßen „verlieren", um dann bereichert daraus hervorzugehen.

Viele der Bücher, die wir im Urlaub als Lektüre zur Hand nehmen, dienen zumeist der Ablenkung, und das ist normal. Dennoch widmen sich viele Menschen, besonders dann, wenn sie längere Ruhepausen einlegen können, einer anspruchsvolleren Lektüre. Ich möchte daher einen Vorschlag machen: Warum machen wir uns nicht daran, einige Bücher der Bibel zu entdecken, die gewöhnlich nicht bekannt sind – oder aus denen wir vielleicht einen Abschnitt in der Liturgie gehört haben, die wir jedoch nie in ganzer Länge gelesen haben? Tatsächlich lesen viele Christen nie die Bibel und haben eine sehr beschränkte und oberflächliche Kenntnis von ihr. Die Bibel ist – wie der Name sagt – eine Sammlung von Büchern, eine kleine „Bibliothek", die im Laufe eines Jahrtausends entstanden ist. Manche dieser „Büchlein", aus denen sie besteht, bleiben den meisten Menschen, auch guten Christen, beinahe unbekannt. Einige sind sehr kurz, wie das Buch Tobit, eine Erzählung, die eine sehr hohe Auffassung von

Familie und Ehe enthält; oder das Buch Ester, in dem die jüdische Königin durch den Glauben und das Gebet ihr Volk vor der Vernichtung rettet. Oder noch kürzer ist das Buch Rut: Sie ist eine Fremde, die Gott kennt und seine Vorsehung erfährt. Diese kleinen Bücher kann man in einer Stunde ganz lesen. Aufwendiger und wahre Meisterwerke sind das Buch Ijob, das das große Problem des unschuldigen Leidens aufgreift; das Buch Kohelet, das beeindruckend ist aufgrund der verblüffenden Modernität, mit der es den Sinn des Lebens und der Welt hinterfragt; das Hohelied, ein wunderbares symbolisches Gedicht auf die menschliche Liebe. Wie ihr seht, sind all dies Bücher aus dem Alten Testament. Und das Neue? Gewiss, das Neue Testament ist bekannter, und die literarischen Gattungen sind nicht so vielfältig. Dennoch ist die Schönheit, ein ganzes Evangelium fortlaufend zu lesen, entdeckenswert. Ebenso empfehle ich die Apostelgeschichte oder einen der Briefe.

Ich möchte vorschlagen, während des Sommers oder in den Ruhepausen die heilige Bibel zur Hand zu haben, um sie neu zu genießen und einige ihrer Bücher durchgehend zu lesen, die weniger bekannten und auch die bekannteren, wie die Evangelien, aber in fortlaufender Lektüre. So können die Augenblicke der Entspannung nicht nur zur kulturellen Bereicherung, sondern auch zur geistlichen Nahrung werden und die Kenntnis Gottes und das Gespräch mit ihm, das Gebet, nähren. Das ist sicher eine schöne Beschäftigung für die Ferien: ein Buch der Bibel zur Hand zu nehmen, auf diese Weise etwas Entspannung zu finden und gleichzeitig in den großen Raum des Wortes Gottes einzutreten und unseren Kontakt mit dem Ewigen zu vertiefen, als Sinn und Zweck der Freizeit, die der Herr uns schenkt.

V.

Nimm dir Zeit zu träumen, sie bringt dich den Sternen näher.

REINHARD MEY

Die Mauern meiner Zeit

Erinn'rungen verblassen,
und des Tages Ruhm vergeht,
die Spuren, die wir heute zieh'n,
sind morgen schon verweht.
Doch in uns ist die Sehnsucht,
dass etwas von uns bleibt,
ein Fußabdruck am Ufer,
eh' der Strom uns weitertreibt.
Nur ein Graffiti, das sich
von der grauen Wand abhebt,
so wie ein Schrei, der sagen will:
„Schaut her, ich hab' gelebt!"
So nehm' ich, was an Mut mir bleibt,
und in der Dunkelheit
sprühe ich das Wort „Hoffnung"
auf die Mauern meiner Zeit.

Die Herzen sind verschlossen,
die Blicke leer und kalt.
Brüderlichkeit kapituliert
vor Zwietracht und Gewalt.
und da ist so viel Not und Sorge
gleich vor unsrer Tür,
und wenn wir ein Kind lächeln sehn,
so weinen zehn dafür.
Der Himmel hat sich abgewandt,
die Zuversicht versiegt.
Manchmal ist's, als ob alle Last
auf meinen Schultern liegt.
Doch tief aus meiner Ohnmacht
und aus meiner Traurigkeit
Sprühe ich das Wort „Hoffnung"
auf die Mauern meiner Zeit.

Um uns regiert der Wahnsinn,
und um uns steigt die Flut.
Die Welt geht aus den Fugen,
und ich rede noch von Mut.
Wir irren in der Finsternis,

und doch ist da ein Licht,
ein Widerschein von Menschlichkeit,
ich überseh' ihn nicht.
Und wenn auf meinem Stein sich frech
das Unkraut wiegt im Wind,
die Worte „Ewig unvergessen"
überwuchert sind,
bleibt zwischen den Parolen
von Hass und Bitterkeit
vielleicht auch das Wort „Hoffnung"
auf den Mauern jener Zeit.

INDIANISCHE WEISHEIT

Nimm dir Zeit

Nimm dir Zeit, den Himmel zu betrachten.
Suche Gestalten in den Wolken.
Höre das Wehen des Windes
und berühre das kalte Wasser.
Gehe mit leisen, behutsamen Schritten.
Wir sind Eindringlinge,
die von einem unendlichen Universum
nur für kurze Zeit geduldet werden.

RAINER MARIA RILKE

Dinge

Man muss den Dingen
die eigene, stille,
ungestörte Entwicklung lassen,
die tief von innen kommt,
und durch nichts gedrängt
oder beschleunigt werden kann;
alles ist austragen –
und dann
Gebären ...
Reifen wie der Baum,
der seine Säfte nicht drängt
und getrost in den Stürmen
des Frühlings steht,
ohne Angst,
dass dahinter kein Sommer
kommen könnte.

Er kommt doch!
Aber er kommt nur zu den Geduldigen,
die da sind,
als ob die Ewigkeit vor ihnen läge,
so sorglos still und weit ...
Man muss Geduld haben,
gegen das Ungelöste im Herzen,
und versuchen,
die Fragen selber lieb zu haben,
wie verschlossene Stuben,
und wie Bücher,
die in einer sehr fremden Sprache
geschrieben sind.
Es handelt sich darum, alles zu leben.
Wenn man die Fragen lebt,
lebt man vielleicht allmählich,
ohne es zu merken,
eines fremden Tages
in die Antwort hinein.

ST. THERESA

Gebet

Möge heute überall Frieden sein.
Mögest du Gott vertrauen, dass du genau dort bist, wo du vorgesehen bist zu sein.
Mögest du dir der unendlichen
Möglichkeiten gewahr sein,
die durch den Glauben geboren werden.
Mögest du jener Geschenke bedenken,
die du erhalten hast und die Liebe weiterleiten,
die dir gegeben wurde.
Mögest du in Zufriedenheit wissen,
dass du ein
Kind Gottes bist.
Lass diese Gewissheit mit tiefen Atemzügen bis in deine Knochen dringen und dort ihren Platz finden und erlaube deiner Seele die Freiheit zu singen, zu tanzen, zu loben und preisen und zu lieben.

AUS DEM SANSKRIT

Achte gut auf diesen Tag

Achte gut auf diesen Tag,
denn er ist das Leben –
das Leben allen Lebens.
In seinem kurzen Ablauf
liegt alle Wirklichkeit
und Wahrheit des Daseins,
die Wonne des Wachsens,
die Herrlichkeit der Kraft.
Denn das Gestern ist nichts als ein Traum
und das Morgen nur eine Vision.
Das Heute jedoch – recht gelebt –
macht jedes Gestern
zu einem Traum voller Glück
und das Morgen
zu einer Vision voller Hoffnung.
Darum achte gut auf diesen Tag.

AURELIUS AUGUSTINUS

Nicht beklagen

Wollen wir uns über die Zeiten beklagen?
Nicht die Zeiten sind gut oder schlecht.
Wie wir sind, so sind auch die Zeiten.
Jeder schafft sich selber seine Zeit!
Lebt er gut, so ist auch die Zeit gut,
die ihn umgibt!
Ringen wir mit der Zeit, gestalten wir sie!
Und aus allen Zeiten werden heilige Zeiten.

FRIEDRICH HÖLDERLIN

Ich hab es einmal gesehen

Ich hab es einmal gesehen, das Einzige,
das meine Seele suchte;
und die Vollendung,
die wir über die Sterne hinauf entfernen,
die uns hinausschieben bis ans Ende der Zeit,
die habe ich gegenwärtig gefühlt.
Es war da, das Höchste,
in diesem Kreise der Menschennatur
und der Dinge war es da.

MARC AUREL

Nimm dir Zeit, etwas Gutes zu lernen

Warum dich durch die Außendinge zerstreuen? Nimm dir Zeit, etwas Gutes zu lernen, und höre auf, dich wie im Wirbelwind umhertreiben zu lassen. Hüte dich noch vor einer anderen Verirrung, denn es ist auch Torheit, sich das Leben durch zwecklose Handlungen schwer zu machen; man muss ein Ziel haben, auf das sich alle Wünsche, alle unsere Gedanken richten.

VI.

*Nimm dir Zeit zu lieben
und geliebt zu werden,
es ist der Ursprung
des Lebens.*

ERICH FRIED

Du liebe Zeit

Da habe ich einen gehört
wie er seufzte: „Du liebe Zeit!“
Was heißt da „Du liebe Zeit“?
„Du unliebe Zeit“, muss es heißen
„Du ungeliebte Zeit!“
von dieser Unzeit, in der wir
leben müssen. Und doch
Sie ist unsere eigene Zeit
Unsere Lebenszeit
Und wenn wir das Leben lieben
können wir nicht ganz lieblos
gegen diese unsere Zeit sein
Wir müssen sie ja nicht genau so
lassen, wie sie uns traf.

CHRISTA PEIKERT-FLASPÖHLER

Zeit ist nicht Geld

Zeit ist nicht Geld,
Jahre, Tage, Stunden
runden sich zum Leben
sind uns aufgegeben

Zeit will ich dir schenken
Liebe kommt zu dir
und die Angst wird klein

Zeit will ich dir schenken
Hoffnung rührt dich an
und ein Stern erscheint

Zeit will ich dir schenken
Sehnsucht streckt sich aus
und die Rose blüht

Zeit will ich dir schenken
Friede reift heran
und wir teilen Brot

Zeit ist nicht Geld,
Jahre, Tage, Stunden
runden sich zum Leben
sind uns aufgegeben

MEISTER ECKHART

Das Wichtigste

Ein Weiser wurde gefragt, welches die wichtigste Stunde sei, die der Mensch erlebt, welches der bedeutendste Mensch, der ihm begegnet, und welches das notwendigste Werk sei. Die Antwort lautet: Die wichtigste Stunde ist immer die Gegenwart, der bedeutendste Mensch immer der, der dir gerade gegenübersteht und das notwendigste Werk ist immer die Liebe.

RAINER MARIA RILKE

Briefe an einen jungen Dichter

Auch zu lieben ist gut: denn Liebe ist schwer. Liebhaben von Mensch zu Mensch: das ist vielleicht das Schwerste, was uns aufgegeben ist, das Äußerste, die letzte Probe und Prüfung, die Arbeit, für die alle andere Arbeit nur Vorbereitung ist. Darum können junge Menschen, die Anfänger in allem sind, die Liebe noch nicht: sie müssen sie lernen. Mit dem ganzen Wesen, mit allen Kräften, versammelt um ihr einsames, banges, aufwärts schlagendes Herz, müssen sie lieben lernen. Lernzeit aber ist immer eine lange, abgeschlossene Zeit, und so ist Lieben für lange hinaus und weit ins Leben hinein –: Einsamkeit, gesteigertes und vertieftes Alleinsein für den, der liebt. Lieben ist zunächst nichts, was aufgehen, hingeben und sich mit einem Zweiten vereinen heißt (denn was wäre eine Vereinigung von Ungeklärtem und Unfertigem, noch Ungeordnetem –?), es ist ein erhabener Anlass für den Einzelnen, zu reifen, in sich etwas zu werden, Welt zu werden, Welt zu werden für sich um eines anderen willen, es ist ein großer, unbescheidener Anspruch an ihn, etwas, was ihn auserwählt und zu Weitem beruft. Nur in diesem Sinne, als Aufgabe, an sich zu arbeiten („zu horchen und zu hämmern Tag und Nacht"), dürften junge Menschen die Liebe, die ihnen gegeben wird, gebrauchen. Das Aufgehen und das Hingeben und alle Art der Gemeinsamkeit ist nicht für sie (die noch lange, lange sparen und sammeln müssen), ist das Endliche, ist vielleicht das, wofür Menschenleben jetzt noch kaum ausreichen. Darin aber irren die jungen Menschen so oft und so schwer: dass sie (in deren Wesen es liegt, keine Geduld zu haben) sich einander hinwerfen, wenn die Liebe über sie kommt, sich ausstreuen, so wie sie sind in all ihrer Unaufgeräumtheit, Unordnung, Wirrnis ...: Was aber soll dann sein? Was soll das Leben an diesem Haufen von Halbzerschlagenem tun, den sie ihre Gemeinsamkeit heißen und den sie gerne ihr Glück nennen möchten, ginge es an, und ihre Zukunft? Da verliert jeder sich um des anderen willen und verliert den anderen und viele andere, die noch kommen wollten. Und verliert die Weiten und Möglichkeiten, tauscht das Nahen und Fliehen leiser, ahnungsvoller Dinge gegen eine unfruchtbare Ratlosigkeit, aus der nichts mehr kommen kann; nichts als ein wenig Ekel, Enttäuschung und Armut und die Rettung in eine der vielen Konventionen, die wie allgemeine Schutzhütten an diesem gefährlichsten Wege in großer Zahl angebracht sind. Kein Gebiet menschlichen Erlebens ist so mit Konventionen versehen wie dieses: Rettungsgürtel der verschiedensten Erfindung, Boote und Schwimmblasen sind da; Zuflüchte in jeder Art hat die gesellschaftliche Auffassung zu schaffen gewusst, denn da sie geneigt war, das Liebesleben als ein Vergnügen zu nehmen, musste sie es auch leicht ausgestalten, billig, gefahrlos und sicher, wie öffentliche Vergnügungen sind.

ANSELM GRÜN

Liebe

Wir sind nicht wie Gott aus uns selbst Liebe. Wir können nur Liebe werden, wenn wir uns von unseren menschlichen Erfahrungen von Lieben und Geliebtwerden immer mehr hineinführen lassen in das Geheimnis der Liebe, in dem wir Gott selbst erahnen als die eigentliche Quelle aller Liebe.
Wenn wir Liebe sind, dann ist Gott in uns und wir in Gott.

Liebe

Wieder will mein froher Mund begegnen
Deinen Lippen, die mich küssend segnen,
Deine lieben Finger will ich halten
Und in meine Finger spielend falten,
Meinen Blick an deinem dürstend füllen,
Tief mein Haupt in deine Haare hüllen,
Will mit immerwachen jungen Gliedern
Deiner Glieder Regung treu erwidern
Und aus immer neuen Liebesfeuern
Deine Schönheit tausendmal erneuern,
Bis wir ganz gestillt und dankbar beide
Selig wohnen über allem Leide,
Bis wir Tag und Nacht und Heut und Gestern
Wunschlos grüßen als geliebte Schwestern,
Bis wir über allem Tun und Handeln
Als Verklärte ganz im Frieden wandeln.

VII.

Nimm dir Zeit,
dich umzusehen,
der Tag ist zu kurz,
um selbstsüchtig zu sein.

GOTTFRIED KELLER

Die Zeit geht nicht

Die Zeit geht nicht, sie stehet still,
Wir ziehen durch sie hin;
Sie ist ein Karawanserai,
Wir sind die Pilger drin.

Ein Etwas, form- und farbenlos,
Das nur Gestalt gewinnt,
Wo ihr drin auf und nieder taucht,
Bis wieder ihr zerrinnt.

Es blitzt ein Tropfen Morgentau
Im Strahl des Sonnenlichts;
Ein Tag kann eine Perle sein
Und ein Jahrhundert nichts.

Es ist ein weißes Pergament
Die Zeit und jeder schreibt
Mit seinem roten Blut darauf,
Bis ihn der Strom vertreibt.

An dich, du wunderbare Welt,
Du Schönheit ohne End,
Auch ich schreib meinen Liebesbrief
Auf dieses Pergament.

Froh bin ich, dass ich aufgeblüht
In deinem runden Kranz;
Zum Dank trüb ich die Quelle nicht
Und lobe deinen Glanz.

LOTHAR ZENETTI

Die wunderbare Zeitvermehrung

Und er sah eine große Menge Volkes,
die Menschen taten ihm leid,
und er redete zu ihnen von der
unwiderstehlichen Liebe Gottes.

Als es dann Abend wurde, sagten seine Jünger:
Herr, schicke diese Leute fort,
es ist schon spät, sie haben keine Zeit.

Gebt ihnen doch davon, so sagte er,
gebt ihnen doch von eurer Zeit!

Wir haben selber keine, fanden sie,
und was wir haben, dieses wenige,
wie soll das reichen für so viele?

Doch war da einer unter ihnen, der hatte
wohl noch fünf Termine frei, mehr nicht,
zur Not, dazu zwei Viertelstunden.

Und Jesus nahm, mit einem Lächeln,
die fünf Termine, die sie hatten,
die beiden Viertelstunden in die Hand.

Er blickte auf zum Himmel, sprach
das Dankgebet und Lob,
dann ließ er austeilen die kostbare Zeit,
durch seine Jünger an die vielen Menschen.

Und siehe da: Es reichte nun das wenige für alle.
Am Ende füllten sie sogar zwölf Tage voll
mit dem, was übrig war an Zeit,
das war nicht wenig.

Es wird berichtet, dass sie staunten.
Denn möglich ist, das sahen sie,
Unmögliches bei ihm.

JOHANNES XXIII.

Dekalog der Gelassenheit

1

Heute, nur heute
werde ich mich bemühen,
den Tag zu leben, ohne die Probleme
meines Lebens auf einmal lösen zu wollen.

2

Heute, nur heute
werde ich auf ein zurückhaltendes Auftreten
achten:
Ich werde niemanden kritisieren,
ich werde nicht danach streben,
die anderen zu korrigieren oder zu verbessern
– nur mich selbst.

3

Heute, nur heute
werde ich in der Gewissheit glücklich sein,
dass ich für das Glück geschaffen bin –
nicht nur für die andere, sondern auch für
diese Welt.

4

Heute, nur heute
werde ich mich an die Umstände anpassen,
ohne zu verlangen, dass die Umstände
sich meinen Wünschen anpassen.

5

Heute, nur heute
werde ich zehn Minuten meiner Zeit
einer guten Lektüre widmen;
wie die Nahrung für das leibliche Leben
notwendig ist,
so ist die gute Lektüre notwendig
für das Leben der Seele.

6

Heute, nur heute
werde ich eine gute Tat vollbringen,
und ich werde es niemandem erzählen.

7

Heute, nur heute
werde ich etwas tun, wozu ich eigentlich
keine Lust habe;
sollte ich es als eine Zumutung empfinden,
werde ich dafür sorgen,
dass niemand es merkt.

8

Heute, nur heute
werde ich ein genaues Tagesprogramm
aufstellen.
Vielleicht halte ich mich nicht genau daran,
aber ich werde es aufsetzen.
Und ich werde mich vor zwei Übeln hüten:
vor der Hetze und vor der Unentschlossenheit.

9

Heute, nur heute
werde ich fest daran glauben –
selbst wenn die Umstände mir das Gegenteil
zeigen sollten –,
dass die gütige Vorsehung Gottes sich um
mich kümmert,
als gäbe es sonst niemanden auf der Welt.

10

Heute, nur heute
werde ich keine Angst haben.
Ganz besonders werde ich keine Angst haben,
mich an allem zu freuen, was schön ist,
und an die Güte glauben.

THEODOR FONTANE

Überlass es der Zeit

Erscheint Dir etwas unerhört,
bist Du tiefsten Herzens empört,
bäume nicht auf, versuch's nicht mit Streit,
berühr' es nicht, überlass es der Zeit.
Am ersten Tag wirst du feige Dich schelten,
am zweiten lässt du Dein Schweigen
schon gelten,
am dritten hast Du's überwunden,
alles ist wichtig nur auf Stunden,
Ärger ist Zehrer und Lebensvergifter,
Zeit ist Balsam und Friedensstifter.

ELLI MICHLER

Ich wünsche dir Zeit

Ich wünsche dir nicht alle möglichen Gaben.
Ich wünsche dir nur, was die meisten nicht haben:
Ich wünsche dir Zeit, dich zu freun und zu lachen, und wenn du sie nützt, kannst du etwas draus machen.

Ich wünsche dir Zeit für dein Tun und dein Denken nicht nur für dich selbst, sondern auch zum Verschenken. Ich wünsche dir Zeit – nicht zum Hasten und Rennen, sondern die Zeit zum Zufriedenseinkönnen.

Ich wünsche dir Zeit – nicht nur so zum Vertreiben.
Ich wünsche, sie möge dir übrig bleiben als

Zeit für das Staunen und Zeit für Vertraun,
anstatt nach der Zeit auf der Uhr nur zu schaun.

Ich wünsche dir Zeit, nach den Sternen zu greifen, und Zeit, um zu wachsen, das heißt, um zu reifen.
Ich wünsche dir Zeit, neu zu hoffen, zu lieben.
Es hat keinen Sinn, diese Zeit zu verschieben.

Ich wünsche dir Zeit, zu dir selber zu finden,
jeden Tag, jede Stunde als Glück zu empfinden.
Ich wünsche dir Zeit, auch um Schuld zu vergeben.
Ich wünsche dir: Zeit zu haben zum Leben!

CASSIAN

Suchen wir die Ruhe unseres Herzens

Suchen wir die Ruhe unseres Herzens nicht draußen! Lasst uns nicht meinen, dass fremde Geduld unserem Laster der Ungeduld abhelfen könnte. Denn wie Gottes Reich in uns ist, so sind auch die Feinde eines jeden Menschen in ihm, sie sind seine eigenen Hausgenossen. Niemand kann so sehr mein eigener Feind sein wie mein eigenes Herz, das ja wahrhaft mein innerster Mitbewohner ist. Ich kann von einem anderen Menschen, der mir übelwill, nicht verwundet werden, wenn ich nicht mit friedlosem Herzen gegen mich selbst kämpfe.

MEISTER ECKHART

Ich habe Ruhe gesucht in allen Dingen

Diese Worte stehen geschrieben im Buch der Weisheit. Die wollen wir diesmal auslegen, als ob die ewige Weisheit mit der Seele Zwiesprache hielte und spricht: „Ich habe Ruhe gesucht in allen Dingen“ (Sir 24,11), und die Seele antwortet: „Der mich erschuf, der hat geruht in meinem Zelt“ (Sir 24,12). Zum dritten spricht die ewige Weisheit: „In der geheiligten Stadt ist meine Ruhe“ (Sir 24,15).

Fragt man mich, ich sollte bündig Auskunft darüber geben, worauf der Schöpfer abgezielt habe damit, dass er alle Kreaturen erschuf, so würde ich sagen: Ruhe. Fragte man mich zum Zweiten, was die Heilige Dreifaltigkeit in allen ihren Werken insgesamt suche, ich würde antworten: Ruhe. Fragte man mich zum Dritten, was die Seele in allen ihren Bewegungen sucht, ich würde antworten: Ruhe. Fragte man mich zum Vierten, was alle Kreaturen in allen ihren natürlichen Strebungen und Bewegungen suchen, ich würde antworten: Ruhe.

Zum Ersten sollen wir wahrnehmen und erkennen, wie das göttliche Antlitz göttlicher Natur aller Seelen Verlangen nach sich von Sinnen und toll macht, um sie zu sich hin zu ziehen. Denn Gott schmeckt die göttliche Natur, das heißt die Ruhe, so wohl, und sie ist ihm so wohlgefällig, dass er sie aus sich herausgestellt hat, um aller Kreaturen natürliches Begehren zu reizen und an sich zu ziehen. Nicht nur sucht der Schöpfer seine eigene Ruhe damit, dass er sie aus sich herausgestellt und allen Kreaturen angebildet hat, sondern er sucht zugleich alle Kreaturen mit sich wieder in ihren ersten Ursprung, das ist in die Ruhe, zurückzuziehen. Zudem liebt auch Gott sich selbst in allen Kreaturen. Ebenso aber, wie er die Liebe zu sich selbst

in allen Kreaturen sucht, so auch sucht er (in ihnen) seine eigene Ruhe.
Zum Zweiten sucht die Heilige Dreifaltigkeit Ruhe. Der Vater „sucht Ruhe in seinem Sohn darin, dass er alle Kreaturen in ihm ausgegossen und gebildet“ hat, und sie beide suchen Ruhe im Heiligen Geiste darin, dass er von ihnen beiden als eine ewige unermessliche Liebe ausgegangen ist.
Zum Dritten sucht die Seele Ruhe in allen ihren Kräften und Bewegungen, der Mensch wisse es oder wisse es nicht. Der Mensch schlägt nimmer das Auge auf noch zu, ohne dass er damit Ruhe sucht; entweder will er etwas von sich werfen, das ihn behindert, oder er will etwas an sich ziehen, worin er ruht. Um dieser beiden Dinge willen tut der Mensch alle seine Werke. Ich habe auch sonst schon gesagt, der Mensch könne nimmer an irgendeiner Kreatur Freude oder Wohlgefallen haben, wenn nicht Gottes Gleichnis darin wäre. Was ich lieb habe, ist das, worin ich am meisten Gottes Gleichnis erken-

ne. Nun aber gleicht nichts in allen Kreaturen Gott so sehr wie Ruhe.

Zum Vierten suchen alle Kreaturen aus natürlichem Streben Ruhe, mögen sie's wissen oder nicht wissen; sie bezeugen es durch ihre Werke. Dem Stein wird der Bewegungstrieb, beständig zur Erde hinzustreben, nimmer benommen, solange er nicht auf der Erde aufliegt. Ebenso tut's das Feuer: das strebt aufwärts, und eine jegliche Kreatur sucht ihren naturgemäßen Ort. Und darin verraten sie die Gleichheit mit der göttlichen Ruhe, die Gott allen Kreaturen zugeworfen hat.

Dass wir die göttliche Gleichheit göttlicher Ruhe so suchen und bei Gott finden mögen, dazu helfe uns Gott. Amen.

ANTOINE DE SAINT-EXUPÉRY

Lehre mich die Kunst der kleinen Schritte!

Ich bitte nicht um Wunder und Visionen, Herr, sondern um die Kraft für den Alltag. Lehre mich die Kunst der kleinen Schritte! Mach mich findig und erfinderisch, um im täglichen Vielerlei und Allerlei rechtzeitig meine Erkenntnisse und Erfahrungen zu notieren, von denen ich besonders getroffen und betroffen bin. Mach mich griffsicher in der richtigen Zeiteinteilung. Schenke mir das Fingerspitzengefühl, um herauszufinden, was erstrangig und was zweitrangig ist. Lass mich erkennen, dass Träumereien nicht weiterhelfen, weder über die Vergangenheit noch über die Zukunft. Hilf mir, das Nächste so gut wie möglich zu tun und die jetzige Stunde als die wichtigste zu erkennen.

Bewahre mich vor dem naiven Glauben, es müsste im Leben alles glatt gehen. Schenke mir die nüchterne Erkenntnis, dass Schwierigkeiten, Niederlagen, Misserfolge und Rückschläge eine selbstverständliche Zugabe zum Leben sind, durch die wir wachsen und reifen.

Gib mir das tägliche Brot für Leib und Seele, eine Geste deiner Liebe, ein freundliches Echo, und hin und wieder das Erlebnis, dass ich gebraucht werde.

Ich weiß, dass sich viele Probleme dadurch lösen, dass man nichts tut. Gib mir, dass ich warten kann.

Ich möchte Dich und die anderen immer aussprechen lassen. Das Wichtigste sagt man nicht selbst, es wird einem gesagt.

Du weißt, wie sehr wir der Freundschaft bedürfen. Gib, dass ich diesem schönsten, schwierigsten, riskantesten und zartesten Geschäft des Lebens gewachsen bin.

Verleihe mir die nötigste Fantasie, im rechten Augenblick ein Päckchen Güte – mit oder oh-

ne Worte – an der richtigen Stelle abzugeben.
Mach aus mir einen Menschen, der einem Schiff im Tiefgang gleicht, um auch die zu erreichen, die unten sind.
Bewahre mich vor der Angst, ich könnte das Leben versäumen. Gib mir nichts, was ich mir wünsche, sondern was ich brauche.
Lehre mich die Kunst der kleinen Schritte!

VIII.

*Nimm dir Zeit zu lachen,
das ist die Musik der Seele.*

PETER ROSEGGER

Zum neuen Jahr

Ein bisschen mehr Freude und weniger Streit,
ein bisschen mehr Güte und weniger Neid,
ein bisschen mehr Liebe und weniger Hass,
ein bisschen mehr Wahrheit,
das wäre doch was.
Statt so viel Unrast, ein bisschen mehr Ruh',
statt immer nur Ich, ein bisschen mehr Du,
statt Angst und Hemmung,
ein bisschen mehr Mut
und Kraft zum Handeln, das wäre gut.
Kein Trübsal und Dunkel,
ein bisschen mehr Licht,
kein quälend Verlangen, ein froher Verzicht,
und viel mehr Blumen, solange es geht,
nicht erst auf Gräbern, da blüh'n sie zu spät.

JOHANNES TAULER

Von der rechten Gelassenheit

Das Pferd macht den Mist im Stall, und obgleich der Mist einen Unflat und Stank an sich hat, so zieht dasselbe Pferd doch den Mist mit großer Mühe auf das Feld, und daraus wächst sodann schöner Weizen und der edle, süße Wein, der niemals wüchse, wäre der Mist nicht da.

Also trage deinen Mist – das sind deine Gebrechen, die du nicht abtun, ablegen noch überwinden kannst – mit Mühe und mit Fleiß auf den Acker des liebreichen Willens Gottes in rechter Gelassenheit deiner selbst. Es wächst ohne allen Zweifel in einer demütigen Gelassenheit köstliche, wohlschmeckende Frucht daraus.

RALPH WALDO EMERSON

Erfolg

Erfolg heißt: Oft viel lachen; die Achtung intelligenter Menschen und die Zuneigung von Kindern gewinnen; die Anerkennung aufrichtiger Kritiker verdienen und den Verrat falscher Freunde ertragen; Schönheit bewundern, in anderen das Beste finden; die Welt ein wenig besser verlassen, ob durch ein gesundes Kind, ein Stückchen Garten oder einen kleinen Beitrag zur Verbesserung der Gesellschaft; wissen, dass wenigstens das Leben eines anderen Menschen leichter war, weil du gelebt hast. Das bedeutet, nicht umsonst gelebt zu haben.

NOTKER WOLF

Lebensfreude

Lebensfreude besteht darin, das Leben so zu nehmen, wie es ist. Das Leben ist nun einmal begrenzt. Der Mensch ist nun einmal unvollkommen. Humor ist die angemessene Haltung. „Life is too important to be taken seriously", hat Oscar Wilde gesagt. Ich schmunzle über die kleinen Unvollkommenheiten des Lebens aus einer gewissen Distanz heraus und habe Lust, jemanden zu verurteilen, der meinen Maßstäben nicht entspricht. Im Grunde sehnen sich alle nach einer solchen Gelassenheit. Wer will schon ständig unter einem Vollkommenheitsdruck leben?

„Fröhlich sein und die Spatzen pfeifen lassen", sagt Don Bosco. Das ist christliche Gelassenheit: Ich akzeptiere, dass die Welt endlich und begrenzt ist. Dann kann ich meine Rechnung aufmachen, alles abwägen und handeln. Eine Welt, in der wir uns unter dieser Voraussetzung begegnen, schaut ganz anders aus, als eine Welt, die den Perfektionismus oder Moralisten in die Hand fällt.

Eine Konsequenz aus dieser Einsicht: Sich bewusst Zeit nehmen für etwas, das Freude macht – das kann jeder sich vornehmen. Vor Kurzem habe ich mit meiner Band in Benediktbeuher einen Auftritt mit der Rockgruppe „Deep Purple" gehabt. Für so etwas nehme ich mir Zeit. Auch wenn einige, die sie nicht kennen und auch nicht verstehen, meinen, Rockmusik sei Musik des Teufels.

Wenn strenge Pietisten dagegen sind, stört mich das auch nicht. In meiner Allgäuer Heimat gibt es viele Reformierte. Ich war als Kind oft bei einer Apothekerfamilie fast wie zu Hause, habe mit den Kindern gespielt. Die Kinderzeitschrift, die ich da zu lesen bekam, war alles andere als unterhaltsam und lustig. Da hing sozusagen ein ständiger Trauerflor darüber. Als kleiner Bub habe ich mir damals angesichts eines so heftigen Sündenbewusstseins gesagt: „Ich könnte nicht evangelisch werden, das ist so traurig." Dabei habe ich später ganz andere, sehr humorvolle Protestanten kennen gelernt wie den Theologen Karl Barth, der jeden Morgen mit Mozart-Musik aufgestanden ist und hoffte, auch im Himmel Mozart-Musik zu hören.

Auch Rockmusik ist für mich ein Zeichen und Ausdruck von Lebensfreude. „On the Highway to Hell", diesen Song einer australischen Hardrockband singe ich im Flieger, wenn's runtergeht. Und dann singe ich mit der gleichen Freude „Stairway to Heaven" von Led Zeppelin. Muss man denn alles so bierernst und tragisch nehmen? Dürfen wir solche Texte nicht auch ironisch nehmen?

Wir alle sind zur Freude geboren. Und wir sollten uns die Freude gönnen. Die Jugendlichen, die diese Musik lieben und in ihr aufgehen,

ebenso wie alle anderen, Junge und Alte nicht anders als die Mönche im Kloster.
Freude ist das wirkungsvollste Gegenmittel zur Angst. Wenn in meinem Kloster die Leute einmal zusammensitzen werden und überlegen, was von den Äbten übrig geblieben ist, wenn sie sich erinnern, was der eine gebaut und organisiert hat und was der andere geleistet hat und wenn sie sich fragen, was ihnen aus meiner Zeit noch in Erinnerung geblieben ist, dann würde ich mich freuen, wenn sie sagen würden: „Wir hatten keine Angst mehr."
Das wäre für mich das schönste Kompliment.

THOMAS MORUS

Gebet

Schenke mir eine gute Verdauung, Herr,
und auch etwas zum Verdauen.
Schenke mir Gesundheit des Leibes
mit dem nötigen Sinn dafür,
dass ich ihn möglichst gut erhalte.
Schenke mir eine heilige Seele,
die im Auge behält,
was gut und rein ist, die sich
nicht einschüchtern lässt
vom Bösen, sondern Mittel findet,
die Dinge in Ordnung zu bringen.
Schenke mir eine Seele,
der die Langeweile fremd ist,
die kein Murren kennt,
kein Seufzen und Klagen,
und lasse nicht zu, dass ich

mir zu viele Sorgen mache
um dieses Etwas, das sich so breitmacht
und sich „Ich“ nennt.
Schenke mir den Sinn
für freundlichen Humor.
Gib mir die Gnade, einen Scherz zu verstehen,
damit ich ein wenig Glück finde im Leben
und anderen davon weitergebe.

IX.

Nimm dir Zeit, freundlich zu sein, es ist die Verbindung zum Anderen.

HENRI J. M. NOUWEN

Leben hier und jetzt

Freundlich sein

Freundlichkeit ist eine lobenswerte menschliche Eigenschaft. Sagen wir von jemandem: „Sie ist ein freundlicher Mensch“, oder: „Er war wirklich freundlich zu mir“, sprechen wir damit eine positive Erfahrung aus. In unserer von Konkurrenzdenken und oft auch von Gewalt beherrschten Welt gehört Freundlichkeit durchaus nicht zu den am häufigsten anzutreffenden Verhaltensweisen. Begegnen wir ihr aber, so dürfen wir uns glücklich preisen.
Ist es möglich, an Freundlichkeit zuzunehmen und ein freundlicher Mensch zu werden? Durchaus, wenngleich dies geduldige Einübung erfordert. Freundlich zu sein bedeutet,

einen anderen als unseren nahen Verwandten (was das entsprechende englische Wort „kin“, von dem sich „kindness“ = Freundlichkeit ableitet, besagt) zu behandeln. Wir sagen: „Wir sind miteinander verwandt“, oder: „Er ist mit mir nahe verwandt.“ Freundlich zu sein heißt demnach, sich jemandem als „geistig Verwandter“ zuzuwenden.

Die große Herausforderung besteht darin: Alle Menschen, ohne Rücksicht auf ihre Hautfarbe, ihre Religion oder ihr Geschlecht, gehören zu einer Menschheitsfamilie und sind aufgerufen, freundlich zueinander zu sein, sich als Brüder und Schwestern zu erweisen. Es gibt keinen Tag in unserem Leben, an dem wir dazu nicht aufgefordert sind.

Mit dem Herzen schenken

In Paris ging Rilke täglich in Begleitung einer jungen Französin an einer alten Bettlerin vorbei. Der Dichter gab ihr zur Verwunderung seiner Begleiterin nichts. Vorsichtig darüber befragt, sagte er: „Man müsste ihrem Herzen schenken, nicht ihrer Hand."

Einen Tag später erschien Rilke mit einer wundervollen, halb erblühten Rose. Er legte die Rose in die Hand der Bettlerin ... Da geschah etwas Merkwürdiges: Die Frau stand auf, griff nach seiner Hand, küsste sie und ging mit der Rose davon. Eine Woche lang blieb sie verschwunden. – Dann saß sie wieder auf ihrem Platz, stumm, starr wie zuvor.

„Wovon mag sie die ganzen Tage gelebt haben?", fragte das Mädchen. Rilke antwortete: „Von der Rose!"

Goldene Regeln für ein erfülltes Leben

Immer für jemanden da sein, immer etwas zu tun haben, darin liegt das Geheimnis, wie man alt werden und zugleich jung bleiben kann. Wer liebt, wird nicht alt.

Immer daran denken, dass andere schlechter dran sind als wir. Der beste Weg, den eigenen Schmerz zu lindern, besteht darin, die Last anderer auf sich zu nehmen.

Schauen wir auf die tausend kleinen Dinge, die wir können. Jeder Tag hat seine Sonnenstrahlen: sich bewegen können, hören, lesen, sich unterhalten, dienen, lächeln, verzeihen, beten ...

Nicht klagen über das Schöne, das vergangen ist; sich freuen, dass es gewesen ist; Gott danken, dass er es uns geschenkt hat.

Nicht in der Vergangenheit und nicht in der Zukunft leben. So gut es geht, den jetzigen Moment leben; er ist immer neu und voller Hoffnung.

Was unseren Geist jung erhält, ist der Glaube; was unser Herz jung erhält, ist die Liebe; was unseren Willen jung erhält, ist die Hoffnung; was unser Leben jung erhält, ist Christus. Denn er ist der Weg, die Wahrheit und das Leben.

Sich nicht unnötig beunruhigen. Gott sorgt für das Wichtigste: die Liebe. Und sie wird uns nie fehlen.

AFRIKANISCHES MORGENGEBET

Quelle der Lebensfreude

Gott, ich werfe meine Freude
wie Vögel an den Himmel.
Die Nacht ist verflattert,
und ich freue mich am Licht
der ersten Strahlen ...
Was da aus uns kommt,
was da in uns ist an diesem Morgen,
das ist Dank ...
Gott, ich freue mich an der Schöpfung
und dass du dahinter bist
und daneben und davor und in uns.
Ich freue mich, Herr,
ich freue mich und freue mich.
Die Psalmen singen von deiner Liebe,
die Propheten verkündigen sie,
denn jeder Tag ist ein Zeichen
deiner Gnade.

MUTTER TERESA

Lebensfreude

Das Leben ist eine Chance – nutze sie.
Das Leben ist Schönheit – bewundere sie.
Das Leben ist Seligkeit – genieße sie.
Das Leben ist ein Traum – verwirkliche ihn.
Das Leben ist eine Herausforderung –
stelle dich ihr.
Das Leben ist Pflicht – erfülle sie.
Das Leben ist ein Spiel – spiele es.
Das Leben ist kostbar –
geh sorgfältig damit um.

Das Leben ist Reichtum – bewahre ihn.
Das Leben ist Liebe – erfreue dich an ihr.
Das Leben ist ein Rätsel – löse es.
Das Leben ist ein Versprechen – erfülle es.
Das Leben ist Traurigkeit – überwinde sie.
Das Leben ist eine Hymne – singe sie.
Das Leben ist eine Tragödie – ringe mit ihr.
Das Leben ist ein Abenteuer – wage es.
Das Leben ist Glück – verdiene es.
Das Leben ist das Leben – verteidige es.

X.

Nimm dir Zeit zum Trösten, es ist Balsam für die Seele.

THEODOR FONTANE

Trost

Tröste dich, die Stunden eilen,
Und was all dich drücken mag,
Auch das Schlimmste kann nicht weilen,
Und es kommt ein andrer Tag.

In dem ew'gen Kommen, Schwinden,
Wie der Schmerz liegt auch das Glück,
Und auch heitre Bilder finden
Ihren Weg zu dir zurück.

Harre, hoffe. Nicht vergebens
Zählest du der Stunden Schlag,
Wechsel ist das Los des Lebens,
Und – es kommt ein andrer Tag.

ADOLPH KOLPING

Trostworte

Wenn wieder jemand, der uns so nah angehört hat, von unserer Seite genommen wird, empfinden wir das Weh der Trennung, jenes Trauergefühl eines enger um uns gezogenen Kreises; es ist uns, als ob die andere Welt uns selbst fühlbar anstoße. Indessen, das sichere Bewusstsein, dass die Unsrigen in Frieden bei Gott sind, dass sie darum uns nahe, für uns tätig bleiben, dass die geistigen Bande uns enger als je mit ihnen verbinden, dass sie unserer in Herrlichkeit harren zur ewigen und seligen Gemeinschaft, wir mit ihnen für sie und sie für uns beten, bis alles irdische Leid überstanden ist, ist ein so großer Trost, dass er den Schmerz sänftigen muss, der uns beim Verlust überkommt.

DIETRICH BONHOEFFER

Je schöner und voller die Erinnerung

Je schöner und voller die Erinnerung, desto schwerer die Trennung. Aber die Dankbarkeit verwandelt die Qual der Erinnerung in eine stille Freude. Man trägt das vergangene Schöne nicht wie einen Stachel, sondern wie ein kostbares Geschenk in sich. Man muss sich hüten, in den Erinnerungen zu wühlen, sich ihnen auszuliefern, wie man auch ein kostbares Geschenk nicht immerfort betrachtet, sondern nur zu besonderen Stunden und es sonst nur wie einen verborgenen Schatz, dessen man sich gewiss ist, besitzt; dann geht eine dauernde Freude und Kraft von dem Vergangenen aus.

DIETRICH BONHOEFFER

Von guten Mächten

Von guten Mächten treu und still umgeben,
behütet und getröstet wunderbar,
so will ich diese Tage mit euch leben
und mit euch gehen in ein neues Jahr.

Noch will das alte unsre Herzen quälen,
und drückt uns böser Tage schwere Last.
Ach, Herr, gib unsern aufgeschreckten Seelen
das Heil, für das du uns geschaffen hast.

Und reichst du uns den schweren Kelch,
den bittern
des Leids, gefüllt bis an den höchsten Rand,
so nehmen wir ihn dankbar ohne Zittern
aus deiner guten und geliebten Hand.

Doch willst du uns noch einmal Freude
schenken
an dieser Welt und ihrer Sonne Glanz,
dann wolln wir des Vergangenen gedenken,
und dann gehört dir unser Leben ganz.

Lass warm und hell die Kerzen heute flammen,
die du in unsre Dunkelheit gebracht,
führ, wenn es sein kann, wieder uns zusammen.
Wir wissen es, dein Licht scheint in der Nacht.

Wenn sich die Stille nun tief um uns breitet,
so lass uns hören jenen vollen Klang
der Welt, die unsichtbar sich um uns weitet,
all deiner Kinder hoher Lobgesang.

Von guten Mächten wunderbar geborgen,
erwarten wir getrost, was kommen mag.
Gott ist bei uns am Abend und am Morgen
und ganz gewiss an jedem neuen Tag.

INHALTSVERZEICHNIS

III. Nimm dir Zeit zu spielen

IV. Nimm dir Zeit zu lesen

V. Nimm dir Zeit zu träumen

VII. Nimm dir Zeit, dich umzusehen

VIII. Nimm dir Zeit zu lachen

IX. Nimm dir Zeit, freundlich zu sein

X. Nimm dir Zeit zum Trösten

Quellenverzeichnis

Texte

Dietrich Bonhoeffer, Je schöner und voller die Erinnerung/Von guten Mächten. Aus: Dietrich Bonhoeffer, Widerstand und Ergebung © 1998, Gütersloher Verlagshaus, Gütersloh, in der Verlagsgruppe Random House GmbH

Erich Fried, Du liebe Zeit. Aus: Erich Fried, Unverwundenes. Liebe, Trauer, Widersprüche. © Verlag Klaus Wagenbach, Berlin 1988

Anselm Grün: Zeiten des Innehaltens © Vier-Türme-Verlag GmbH, Verlag, Münsterschwarzach

Anselm Grün, Liebe, aus: Anselm Grün, Kraft des Liebens © Karmelitánské nakladatelství, s.r.o. Kostelní Vydrí 2003, www.kna.cz

Hermann Hesse, „Liebe", aus: Hermann Hesse, Sämtliche Werke in 20 Bänden. Herausgegeben von Volker Michels. Band 10: Die Gedichte. © Suhrkamp Verlag Frankfurt am Main 2002. Alle Rechte bei und vorbehalten durch Suhrkamp Verlag Berlin.

Stephan Holthaus, „Herr, ich brauche Geduld, aber schnell!" Warum Gelassenheit ein Megawert ist. Erschienen in: „pro. Christliches Medienmagazin" 5/2010. Alle Rechte beim Autor.

Andreas Laun, Das Märchen von den Zeitgutscheinen. Alle Rechte beim Autor.

Martin Löwenstein, Predigt zum 8. Sonntag im Lesejahr A 2011, aus: www.Martin-Loewenstein.de © Martin Löwenstein

Reinhard Mey, Die Mauern meiner Zeit. Aus: Reinhard Mey, Alle Lieder © Edition Reinhard Mey, Berlin

Elli Michler, Ich wünsche dir Zeit. Aus: Elli Michler, „Dir zugedacht" © Don Bosco Medien GmbH, München 21. Auflage 2012

Henri J. M. Nouwen, Freundlich sein, S. 47/Geistliche Lektüre, S. 119/Geistlich lesen, S. 120/Das Wort Fleisch werden lassen, S. 121. Aus: Henri J. M. Nouwen, Leben hier und jetzt. Jahreslesebuch. Aus dem Amerikanischen von Franz Johna © Verlag Herder GmbH, Freiburg i. Br., Neuausgabe 2012

Christa Peikert-Flaspöhler, Zeit ist nicht Geld. Alle Rechte bei der Autorin.

Antoine de Saint-Exupéry, Lehre mich die Kunst der kleinen Schritte. Aus: Antoine de Saint-Exupéry, Die Stadt in der Wüste © 1956 und 2009, Karl Rauch Verlag, Düsseldorf

Antoine de Saint-Exupéry, Verrinnende Zeit. Aus: Antoine de Saint-Exupéry, Die Stadt in der Wüste © 1956 und 2009, Karl Rauch Verlag, Düsseldorf

Antoine de Saint-Exupéry, Auszug aus „Der kleine Prinz". Aus: Antoine de Saint-Exupéry, Der kleine Prinz © 1950 und 2012, Karl Rauch Verlag, Düsseldorf

Notker Wolf, Lebensfreude besteht darin, das Leben so zu nehmen, wie es ist ..., aus: Abtprimas Notker Wolf, Gönn dir Zeit. Es ist dein Leben, © Verlag Herder GmbH, Freiburg i. Br. 2011, S. 22-25

Lothar Zenetti, Die wunderbare Zeitvermehrung. Aus: Lothar Zenetti, Die wunderbare Zeitvermehrung © Sankt Ulrich Verlag / Wewel Augsburg (www.sankt-ulrich-verlag.de)

Jörg Zink, Alles hat seine Zeit, Prediger 3, 1-8. Aus: Die Bibel, neu in Sprache gefasst von Jörg Zink © KREUZ VERLAG in der Verlag Herder GmbH, Freiburg i. Br., Neuausgabe 2012, S. 393

Fotos

Umschlag © Werner Dreblow/Fotolia.de; Kapitelanfangseiten © Anton Petrus/Fotolia.de, © Lightfoto/Fotolia.de, © emotionpicture/Fotolia.de, © BeTe-Artworks/Fotolia.de, © marilyn barbone/Fotolia.de, © SVLuma/Fotolia.de, © silver-john/Fotolia.de, © dmitriy/Fotolia.de, © Marc LOBJOY/Fotolia.de, © crimson/Fotolia.de.

Wir danken den genannten Rechteinhabern für die freundliche Erteilung der Abdruckgenehmigung. Der Verlag hat sich bemüht, alle Rechteinhaber in Erfahrung zu bringen. Für zusätzliche Hinweise sind wir dankbar.